Vente du Samedi 12 Mai 1866

COLLECTION

DE SIFFLETS

INSTRUMENTS DE MUSIQUE

ET

CURIOSITÉS DIVERSES

DE FEU

M. Clapisson

Membre de l'Institut et professeur au Conservatoire.

EXPOSITION PUBLIQUE

Le Vendredi 11 Mai 1866

Mᵉ Charles PILLET, Commissaire-Priseur

M. Carle DELANGE, Expert.

EXEMPLAIRE DE H. STETTINER

PARIS, IMPRIMERIE DE PILLET FILS AINÉ

5, RUE DES GRANDS-AUGUSTINS.

CATALOGUE

DE LA CURIEUSE COLLECTION

DE SIFFLETS

INSTRUMENTS DE MUSIQUE

parmi lesquels

UNE MAGNIFIQUE ÉPINETTE DU XVIe SIÈCLE

ET

OBJETS DE CURIOSITÉ

DE FEU

M. Clapisson

Membre de l'Institut, professeur au Conservatoire

DONT LA VENTE AUX ENCHÈRES PUBLIQUES AURA LIEU

PAR SUITE DE SON DÉCÈS

HOTEL DROUOT, SALLE N° 4

Le Samedi 12 Mai 1866

A DEUX HEURES

Par le Ministère de Me **Charles PILLET**, Commissaire-Priseur
11, rue de Choiseul

Assisté de M. **Carle DELANGE**, quai Voltaire, 5

Chez lesquels se trouve le Catalogue

EXPOSITION PUBLIQUE

Le Vendredi 11 Mai 1866, de une heure à cinq

D. 5417

CONDITIONS DE LA VENTE

Elle sera faite au comptant.

Les adjudicataires payeront *cinq pour cent* en sus des enchères.

L'exposition mettant le public à même de se rendre compte de l'état des objets, il ne sera admis aucune réclamation une fois l'adjudication prononcée.

Paris. — Imp. de Pillet fils aîné, rue des Grands-Augustins, 5.

La collection d'instruments de musique laissée par
M. Clapisson est une des plus remarquables qui
existent. La magnifique épinette italienne d'Annibale Rosso, décrite sous le numéro 1 du catalogue,
est à elle seule un véritable monument artistique du
xvi° siècle, et rien n'est plus curieux que la réunion
de sifflets de tous les temps , de tous les pays et
de toutes les matières que contient cette collection.
Feu M. Clapisson en avait rassemblé plus de cent
cinquante spécimens aussi rares que variés. On
trouve là depuis le hochet de l'enfant au maillot
jusqu'au sifflet de chasse et à l'appeau de l'oiseleur.
Nous mentionnerons également quelques charmantes clefs à remonter et à accorder des instruments
de musique, dont plusieurs en fer, remarquables par
la ciselure.

DÉSIGNATION

DES OBJETS

Instruments de Musique

1 — Magnifique épinette italienne, dont la caisse, à pans coupés, est recouverte de panneaux et de bordures d'ébène richement décorés de plaques de lapis et autres pierres précieuses, encadrées de cartouches en ivoire finement sculptés; chaque panneau est entouré d'ornements en ivoire incrustés de rubis, topazes, émeraudes, saphirs, perles fines, etc. Le panneau du clavier est découpé à jours et orné de mascarons et d'arabesques alternés. Sur la barre transversale réglant le jeu des sautereaux, et qui est aussi incrustée de pierres rares, sont placées de distance en distance trois charmantes figures d'amours en ivoire jouant de la viole. Le clavier, dont les touches

blanches sont formées d'agates variées encadrées d'ivoire, et les touches noires de lapis-lazuli, est terminé à chaque bout par deux consoles décorées de figurines très-élégantes en buis sculpté. Au-dessus se lit le nom du facteur Annibale de Rossi, et la date 1577.

Ce magnifique instrument, unique tant par sa richesse que par la perfection de son travail, fut exécuté pour la famille des Trivulce. Il est ainsi décrit dans le *Mémorial de la noblesse de Milan*. liv. V. chap. LVIII, pag. 289 :

« Digne de louange fut Annibale Rosso, pour avoir été le premier inventeur à construire les épinettes dans la forme moderne où on les voit aujourd'hui. Cet habile artiste, parmi ses autres travaux, fit une épinette d'une grande bonté et d'une beauté rare, dont toutes les touches étaient en pierres précieuses et couvertes de remarquables ornements. Elle fut vendue cinq cents écus; elle appartient au noble et savant illustre Carlo Trivulzio, et Ferrante, son fils, continue à imiter son père, et a trouvé de nouvelles inventions pour les épinettes: qu'il en soit loué ! »

2 — Épinette de la fin du XVI⁰ siècle. Le devant, en bois de poirier sculpté, est décoré de rinceaux et d'arabesques en ivoire. La boîte qui la renferme est décorée intérieurement de peintures représentant la ville et la place de Pise.

3 — Trompette marine incrustée d'ébène et d'ivoire. Pièce rare.

4 — Belle guitare en ivoire incrusté d'ébène et enrichie d'ornements et d'arabesques.

5 — Jolie mandoline avec incrustation d'écaille.

6 — Belle mandoline du XVIe siècle, avec pommeau sculpté en forme de tête humaine.

7 — Mandore à manche d'ébène, terminé par une coquille; la rosace est formée par un médaillon découpé au chiffre de Marie-Antoinette.

8 — Petite harpe en bois d'acajou, avec volute, décorée de feuillages; la boîte d'harmonie est ornée de médaillons en laque à décors genre chinois.

9 — Manche de guitare en ébène incrusté d'ivoire.

10 — Autre, terminé par une tête en bois sculpté.

11 — Petite guitare.

12 — Un violon du XVIIe siècle.

13 — Un autre du XVe siècle.

14 — Petite pochette de maître à danser.

15 — Bâton de chef d'orchestre, en ébène, incrusté d'ivoire et gravé.

16 — Manche de vielle en ébène, richement décoré d'incrustations d'ivoire.

17 — Grande cloche en bronze, de travail indien.

18 — Instrument à cordes indien.

19 — Panneau d'épinette portant la date de 1632.

20 — Instrument de musique en forme de tympanon, de la fin du xvi° siècle.

21 — Pupitre à musique en laque. avec monture en cuivre doré et gravé.

22 — Autre pupitre en bois de rose, avec médaillon en laque.

23 — Belle clef d'épinette en fer ciselé et forgé, représentant un animal chimérique.

24 — Autre, décorée de rinceaux et d'arabesques très-fines d'exécution.

25 — Trois autres, en fer forgé et ciselé.

26 — Clef d'épinette en cuivre doré, terminée par un dragon.

27 — Autre clef en fer forgé.

28 — Plusieurs petits instruments et fragments d'instruments, tels que sonnettes, manches d'archets, etc.

29 — Sorte de hautbois à plusieurs tons de rechange, enfermé dans un étui en forme de livre.

30 — Panneau-mosaïque de bois rapportés, représentant une fabrique d'orgues.

31 — Deux flageolets, dont l'un en écaille et l'autre en ivoire.

Sifflets

32 — Canne en ébène, surmontée d'une tête de mort en ivoire,
formant sifflet; le son se produit en appuyant les lèvres
sur les mâchoires de la tête. Époque Louis XIII.

33 — Canne de chasse se terminant par un oiseau de cuivre
servant d'appeau.

34 — Canne avec tête de faucon en ivoire sculpté, servant
probablement à rappeler les faucons.

35 — Canne de l'époque de Louis XIV, dont la pomme, en
cuivre doré, renferme lorgnette, boîte à mouches et sifflet.

36 — Canne en ébène incrustée de nacre, avec pomme en
cuivre doré, représentant Jonas sortant de la baleine,
formant sifflet.

37 — Canne en écaille, avec pommeau en buis finement
sculpté et formant sifflet.

38 — Canne en ivoire, dont la pomme, formant sifflet, est
décorée de figures d'amours jouant avec des dauphins : la
poignée est incrustée de nacre.

39 — Charmant sifflet en ambre, avec monture en argent
doré incrustée de pierreries. La hanche du sifflet est formée par une tête de poisson chimérique avec yeux en
rubis, et le sommet est décoré de feuillages surmontés
d'une figure de pélican donnant la pâture à ses petits.
Très-jolie pièce du $x_\cdot^e$ siècle.

40 — Sifflet en forme de casque taillé en pleine améthyste,
avec monture en or. XVIIe siècle.

41 — Sifflet en lapis gravé, ayant à ses extrémités, reliées entre elles par une chaînette, deux têtes fantastiques en
jade, dont chacune rend un son différent. Travail chinois.

42 — Sifflet en corail, représentant un monstre avec yeux en
topazes. Travail chinois.

43 — Sifflet japonais en ivoire à double tête, dont une fantas-
tique, avec monture en argent émaillé et incrustée de gre-
nats; il est terminé par une chaîne dont les maillons
sont en cuivre, cornaline et cristal de roche.

44 — Sifflet en corail forme de nacelle, avec monture en or
et chaîne à maillons mi-or et mi-corail.

45 — Sifflet en corail forme de poisson, avec monture en argent garnie de pierres; la chaîne en argent est à maillons formés par des écailles.

46 — Sifflet de dame en argent, formant étui, et terminé par un cachet.

47 — Trois appeaux de chasse en argent

48 — Deux sifflets en argent.

49 — Pommeau de canne en jade sculpté formant sifflet, représentant un oiseau.

50 — Sifflet Louis XIV en os, la hanche formée par une tête barbue surmontée d'une volute.

51 — Sifflet à modulations en ivoire sculpté.

52 — Sifflet en ivoire sculpté, avec manche en argent doré et verre aventuriné.

53 — Sifflet formant étui en ébène, avec ornements d'ivoire, et terminé par une tête de nègre. Louis XIII.

54 — Sifflet de marine en ivoire, représentant, sur un socle à pans coupés orné de deux rostres, le buste d'un guerrier coiffé d'un casque surmonté d'un crocodile.

55 — Sifflet de marine en ivoire, représentant un monstre marin.

56 — Sifflet de chasse en ivoire formé par une tête d'oiseau.

57 — Deux sifflets flamands en ivoire, représentant des figurines grotesques.

58 — Deux sifflets en ivoire sculpté, avec têtes grotesques.

59 — Sifflet en ivoire représentant un personnage, Louis XIII.

60 — Deux jolis sifflets avec figures de femmes en forme de
gaines. Époque Louis XV.

61 — Sifflet en porcelaine, représentant une jambe chaussée,
formant flacon.

62 — Sifflet italien en ivoire, représentant un enfant au
maillot.

63 — Sifflet en ivoire sculpté, représentant une double ar-
moirie, servant de médaillon.

64 — Sifflet grotesque en ivoire, représentant un chien assis
ayant une serviette au cou.

65 — Sifflet Louis XV en ivoire, formant une tête de poli-
chinelle.

66 — Sifflet républicain en ivoire gravé, avec la devise : *Liberté, fraternité ou la mort.*

67 — Sifflet en ivoire de style gothique, en forme de cuiller, terminé par une petite figurine.

68 — Sifflet de chasse en corne de chamois, monture argent.

69 — Sifflet en ivoire, dont le manche renferme un tire-bouchon.

70 — Sifflet en buis finement sculpté, formant busc de corsage.

71 — Deux sifflets en buis sculpté formant aiguets pour tricoter.

72 — Sifflet en bois sculpté formant une petite croix d'abbesse.

73 — Sifflet de chasse Louis XIII. en ivoire gravé.

74 — Petit sifflet Louis XIII forme de boîte à poudre, en ivoire finement gravé.

75 — Petit sifflet en porcelaine de Chine, forme de coquille bivalve entr'ouverte, avec figurine dans l'intérieur.

76 — Sifflet en argent dont le manche est formé par un dauphin et se termine par un cachet.

77 — Sifflet forme d'obélisque en pierre de couleur, sur base en ivoire et cristal de roche.

78 — Deux sifflets en argent formant hochets d'enfants.

79 — Sifflet en argent sous la forme de cor de chasse, jouet d'enfant.

80 — Trois sifflets en ivoire, ayant servi de hochets d'enfant.

81 — Sifflet en faïence de Delpht, même forme.

82 — Trois petits sifflets en ivoire.

83 — Trois petits sifflets en ivoire ayant servi de jouets.

84 — Sifflet japonais en ivoire, forme de poulpe replié sur un feuillage.

85 — Onze petits sifflets en bronze antique de formes variées.

86 — Dix-sept sifflets en porcelaine, de formes et de fabriques variées.

87 — Cinq sifflets de formes variées en terre et en grès.

88 — Treize sifflets en terre cuite de formes variées. Travail mexicain.

89 — Dix-neuf sifflets en terailles représentant des caricatures et des figures d'animaux.

90 — Sifflet en terre représentant la caricature du duc de Bedfort.

91 — Autre, représentant celle de Henri IV.

92 — Huit sifflets en fer forgé sous forme de forets, tire-bouchon et autres instruments.

93 — Huit sifflets grotesques sous forme de figures et d'animaux, en bois sculpté.

94 — Deux boîtes en pierre renfermant des sifflets.

95 — Autre boîte en pierre renfermant un sifflet.

96 — Sifflet en verre formé par un animal chimérique.

97 — Sifflet représentant une figure de triton soufflant dans une conque. Bois sculpté.

98 — Sifflet en bois sculpté sous la forme de casse-noisette surmonté d'une fleur de lis.

99 — Joli sifflet en bois sculpté surmonté d'une figurine. XVIe siècle.

100 — Sifflet Louis XIV en bois sculpté, représentant le temple de l'Amour.

101 — Joli sifflet indien représentant un dragon en bois très-finement sculpté et les ailes déployées, monté sur un animal à carapace.

101 *bis* — Sifflet en ivoire représentant un buste de femme.

Objets divers

102 — Deux vases en terre terminés par des figures chimériques formant sifflets.

103 — Broc en faïence italienne dont le goulot forme sifflet.

104 — Chauffe-mains en faïence brune de Beauvais formant sifflet.

105 — Deux éperons en fer incrustées d'argent.

106 — Six petits fragments en cuivre argenté gothiques, représentant des sujets de la vie de la Vierge.

107 — Plusieurs cadres en bois sculpté et doré.
Ce lot sera divisé.

108 — Une feuille d'éventail en soie peinte et brochée d'or.

109 — Deux jolis flambeaux en jade représentant des oiseaux chimériques, très-fins de sculpture.

110 — Autel indien en bronze, composé de figures de divinités.

111 — Plusieurs pièces en bois sculpté et doré, de travail indien et chinois.

112 — Trois boîtes en laque.

113 — Deux navettes à filet, laque et ivoire.

114 — Cadre de miroir en bois sculpté et doré, de travail vénitien.

115 — Plusieurs fragments en cuivre doré, tels qu'appliques, entrées de serrures, etc.

116 — Grande écritoire en bronze imitation renaissance.

117 — Petit tableau sur bois de forme ronde, représentant une marine de Joseph Vernet. Diam., 8 centimètres.

118 — Joli étui en vernis Martin, fond aventuriné, décoré de figures d'amours genre Boucher, jouant avec des guirlandes ; il est monté en or. Époque Louis XV.

119 — Jolie miniature représentant deux femmes au bain, avec cadre en cuivre doré finement ciselé.

120 — Joli spécimen d'émail sur cuivre champlevé, très-finement décoré dans le goût oriental.

121 — Plat en faïence de Palissy à salières, découpé à jours, avec décors de feuillages.

122 — Autre semblable, mais d'émail différent.

123 — Plat, suite de Palissy, représentant Esther aux pieds d'Assuérus.

124 — Plat, suite de Palissy, dit aux cornes d'abondance.

125 — Pot en grès de Flandre, émaillé de couleurs, représentant les douze Apôtres.

126 — Canette en verre de Bohème, monture en étain.

127 — Joli petit gobelet à piédouche, en verre de Venise, imitant la glace.

128 — Joli vase à anse en verre allemand, émaillé de couleurs, décoré de feuillages et d'un sujet représentant une dame soutenant une échelle à laquelle un enfant monte pour l'embrasser, avec inscription en latin et en allemand, et la date 1647.

129 — Petit gobelet en verre aplati, émaillé de feuillages en couleurs.

130 — Poire à poudre en corne de cerf sculpté, avec monture en fer gravé.

131 — Joli cippe en ivoire, avec bas-relief circulaire représentant un roi offrant un sacrifice. Travail italien du
commencement du xviie siècle.

132 —Joli peigne en buis sculpté, décoré de rosaces découpées
en ivoire.

133 — Joli diptyque en ivoire représentant d'un côté la
Vierge tenant l'Enfant Jésus entre saint Joseph et une
figure d'ange, et de l'autre le Christ en croix entre saint
Jean et Marie. xive siècle.

134 — Plaque de baiser de paix en émail de Limoges, représentant la Mise au tombeau. Commencement du xvie siècle, par Courtois, dit Vigier.

135 — Etui en ivoire sculpté, décoré de mascarons, feuillages
et médaillons à figures. Époque Louis XIV.

136 — Étui en ivoire sculpté, décoré d'arabesques. Époque
Louis XV.

137 — Paire de ciseaux en fer gravé de l'époque de Louis XIII.

138 — Petit couteau avec manche à jour en cuivre.

139 — Couteau de table à manche d'ivoire, dont la lame
porte l'inscription de Damas, et s'allonge ou rentre à
moitié dans le manche.

140 — Pommeau de canne en ivoire sculpté, représentant
Vénus dans une conque traînée par des animaux chimériques. Louis XIV.

141 — Quatre manches de couteau en ivoire, décorés de figures
et de feuillages. Louis XIII.

142 — Boîte en ivoire sculpté, avec sujet religieux. Époque
de Louis XIII.

143 — Deux étuis et un style en ivoire sculpté.

144 — Plaquette ronde en ivoire, représentant Hercule tuant
Diomède qui nourrissait ses chevaux de chair humaine.

145 — Plaquette carrée en ivoire gravé, représentant l'accou-
chement de la Vierge.

146 — Boucle de ceinture en ivoire sculpté avec tête de Christ.
xve siècle.

147 — Plaque de forme cintrée en ivoire, représentant l'As-
somption de la Vierge. Travail du xiiie siècle.

148 — Reliquaire sculpté en bois de cèdre, surmonté d'une
figure représentant le roi David jouant de la harpe. Travail de moine.

149 — Trousse en fer forgé et repoussé. décoré de personna-
ges de l'époque du xvie siècle.

150 — Peigne japonais en ivoire et manche d'éventail en
ivoire sculpté.

151 — Ustensile en ivoire gravé. Époque de Louis XIII

152 — Cachet en ivoire. Époque de Louis XIV.

153 — Râpe à tabac en buis sculpté. Époque Louis XIV.

154 — Pommeau et traverse de dague en fer ciselé du xvie siècle. Le pommeau est formé par une tête de nègre.

155 — Lampe et figurine de satyre en bronze.

156 — Étui à ciseaux et tire-bouchon en fer gravé.

157 — Boîte de forme ovale en bronze tonkin.

158 — Boîte en cuir gaufré et étui en ivoire sculpté, représentant le berceau du roi de Rome.

159 — Marteau de porte en fer forgé et ciselé de l'époque de
Louis XIV.

160 — Gobelet à piédouche en spath fluor.

161 — Sixain en cuivre argenté gothique, représentant des
sujets de la vie de la Vierge.

162 — Crucifix en ivoire teinté monté sur une croix dont
les bras se terminent par des ornements sculptés en ambre. Sur le pied, plaqué et décoré de la même matière,
sont placées de petites figurines d'anges en bronze doré.
Travail italien du xv⁰ siècle.

163 — Sorte de manche ou bâton de sceptre richement et
finement sculpté en ambre. Travail italien du xvi⁰ siècle.

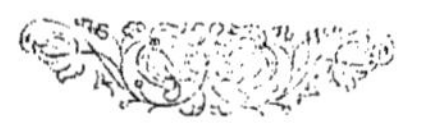